AF263678

LE

MENUISIER DE LAVAUR

PAR

Henri LASSERRE

PARIS
LIBRAIRIE de la SOCIÉTÉ BIBLIOGRAPHIQUE

Nous soussignés,

Charles Macary, menuisier, fils de François Macary ;
Marie Bonafous, née Macary, sa sœur ;
P. Bonafous, prêtre, professeur au Petit Séminaire, son neveu :
Ayant reçu communication du récit intitulé LE MENUISIER DE LAVAUR, en attestons l'entière exactitude. Les faits qui y sont relatés sont absolument tels que les racontait François Macary, — tels que nous, membres de sa famille, en avons été les témoins, — tels qu'ils sont notoires dans la ville de Lavaur.

Lavaur, le 7 juin 1882.

C. MACARY. — P. BONAFOUS. — MARIE BONAFOUS.

———

Je soussigné, curé archiprêtre à Lavaur, m'unis à la famille Macary pour attester l'authenticité du récit de M. Henri Lasserre.

Lavaur, le 16 juin 1882.

ROQUES, *curé archiprêtre de Lavaur.*

———

Lagrave, ce 25 janvier 1883.

BIEN HONORÉ MONSIEUR LASSERRE,

Vous voulez bien invoquer mon témoignage... Ce témoignage, je vous le donne volontiers et de grand cœur. Votre récit est *de tout point conforme à la vérité d'un fait* qui sera l'un des plus doux souvenirs de ma vie de prêtre...

Laissez-moi vous dire combien vous avez réussi à peindre au vif François Macary. En vous lisant je me disais : C'est bien lui ! c'est sa parole ardente et colorée, c'est sa physionomie intelligente et énergique... Je suis convaincu que les quelques pages que vous avez bien voulu lui consacrer, feront du bien à ceux qui auront le bonheur de les lire ; et ainsi une fois de plus vous aurez bien mérité de la très sainte et glorieuse Immaculée Conception de Marie.

Agréez, Monsieur, l'hommage de ma considération très distinguée.

J. COUX,
curé de Lagrave (diocèse d'Albi).

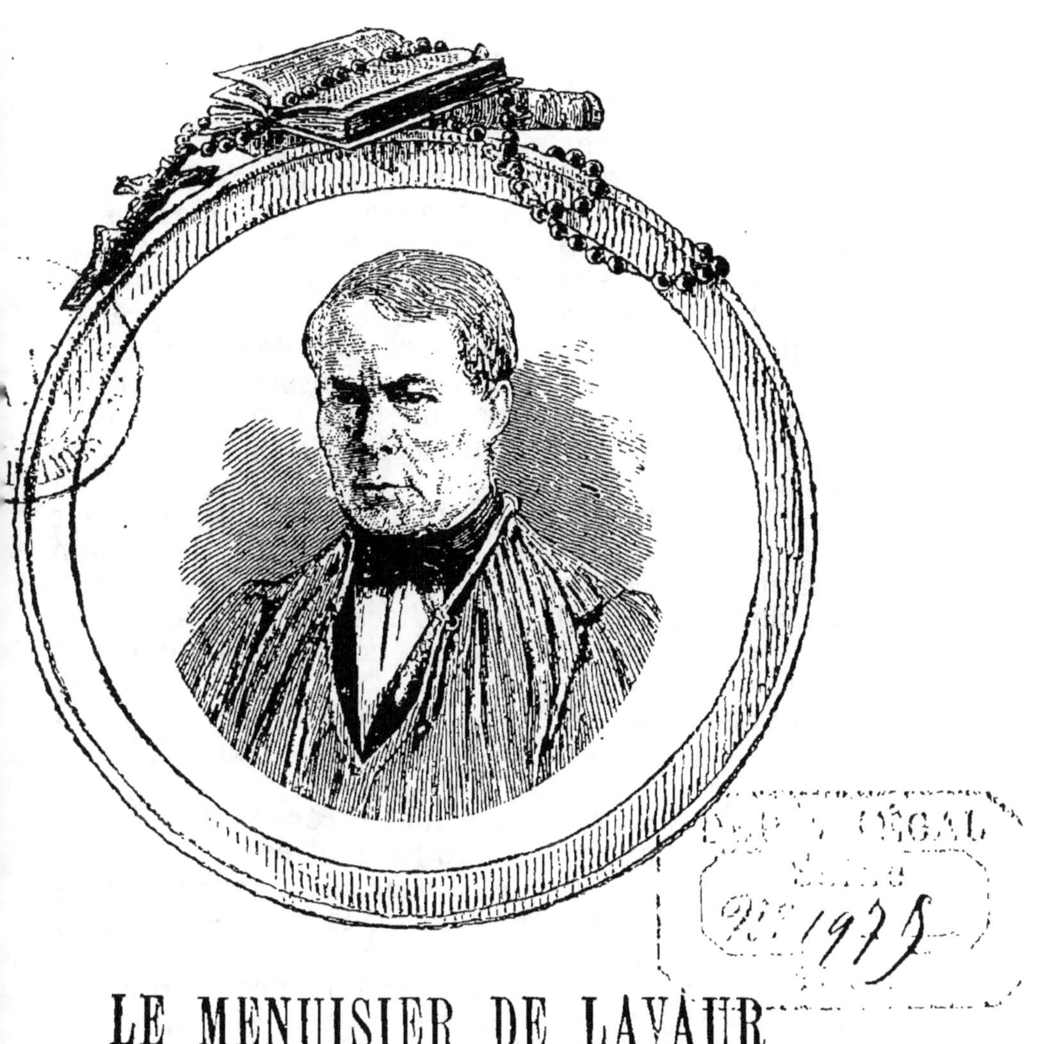

LE MENUISIER DE LAVAUR

I

C'était en son temps un compagnon de belle
humeur que l'apprenti menuisier François Macary.
Il avait le propos vif et jovial, et nul plus que lui
n'était constamment disposé à se gaudir et à rire.
Il avait le pied alerte et faisait son tour de France :
à Nantes, à Cambrai, à Nîmes, à Marseille, à

Lyon. Il avait la main habile, et cet apprenti ne tarda pas à passer maître.

Bon ouvrier et bon convive, il aimait le travail et ne dédaignait pas le plaisir. Les préjugés ne le gênaient guère. Après avoir achevé dans quelques mauvais romans et quelques méchantes feuilles son cours très complet de philosophie, il s'était prestement délivré de la moindre parcelle de superstition, jetant toute croyance par-dessus les moulins et se débarrassant ainsi de tout bagage, afin de voyager d'une allure plus leste dans le chemin de la vie.

A mesure qu'il roulait ainsi de par le monde pour se former de plus en plus dans la pratique de son métier, sa libre pensée devenait plus libre encore. Il n'obstruait point les églises. Sa voix chantait peu de cantiques; d'autres couplets avaient ses préférences.

Quand quelqu'une des bonnes femmes chez lesquelles il prenait son gîte et sa nourriture lui parlait de prière :

— « Travailler, c'est prier ! » répondait-il brusquement à ces diseuses de patenôtres.

Et jamais, en prononçant une telle parole, il ne songea à cette seconde face de la Vérité : « Prier, c'est travailler. »

En matière de religion comme en toute autre chose, son ardent caractère ne pouvait supporter ni tiédeur ni juste milieu. Macary avait donc bien vite fait sa trouée dans la fragile barrière qui sépare l'indifférence de l'hostilité...

Brave garçon d'ailleurs, il en faut convenir : tête chaude et cœur droit. Loyal et avenant, serviable à tout camarade, franc comme l'or, doué de cet esprit naturel et de cette verve pittoresque que l'on rencontre fréquemment parmi les méridionaux, il était partout le bienvenu. Devant ce qui lui semblait noble et bon il s'émouvait facilement. Il savait compatir aux peines d'autrui, prompt à aider de son robuste bras quiconque était plus faible que lui, à secourir de sa chétive bourse quiconque était plus pauvre...

Prompt aussi à s'emporter et vif comme la poudre. La moindre contrariété, une varlope ébréchée, un établi branlant, une planche qui avait un nœud, lui faisaient pousser un cri; et ce cri d'impatience était invariablement un jurement, une imprécation, un blasphème.

Jamais le perroquet Vert-Vert, — perverti, lui aussi, par les voyages, — n'avait fait entendre de pires interjections que celles qui, du matin au soir, retentissaient, mêlées au grincement des scies et aux coups de marteau, dans l'atelier de François Macary..

> Il entonnait tous les horribles mots
> Des mariniers criant sur leurs bateaux :
> « Jour de Dieu! Mor... Mille pipes de diables! »
> Les B... les F... voltigeaient sur son bec;
> Bien pis encor : des jurons effroyables!...
> Les bonnes Sœurs croyaient qu'il parlait grec...

II

Lorsque, en 1833, après huit ans passés ainsi de ville en ville à la recherche de la perfection, le compagnon menuisier rentra à Lavaur, sa cité natale, il lui restait tout juste assez de Christianisme pour désirer le sacrement de Mariage (1).

Disons, avant d'aller plus loin, que s'il répudiait ainsi pour lui-même et pour les hommes en général

(1) Lavaur est une sous-préfecture du département du Tarn. Avant la Révolution, cette petite ville de sept à huit mille habitants était le chef-lieu d'un Évêché, et a eu l'honneur de compter parmi ses prélats l'illustre Fléchier, qui ne fut promu que plus tard au siège de Nîmes.

toute idée d'un culte quelconque, il tenait pourtant, et beaucoup, à ce que les femmes eussent de la piété. Et à ceux qui lui cherchaient querelle à ce sujet et relevaient cette contradiction de principes, il opposait les arguments les plus inattendus.

— Du temps que j'étais écolier, leur répliquait-il en riant, j'ai appris dans ma grammaire que « la Religion » appartient au genre féminin, et non point au genre masculin.

— Mais enfin, si vous trouvez que la Religion est vraie et convient aux femmes, pourquoi ne conviendrait-elle pas aux hommes et n'en useriez-vous pas pour vous?

— C'est absolument comme si vous me disiez que, du moment où je trouve qu'une robe va bien à une femme, je dois moi-même me revêtir d'un jupon.

Le vrai motif qui se cachait derrière ces mauvaises plaisanteries et ces paradoxes, c'est que Macary, très observateur de sa nature, avait remarqué dans ses voyages que les bonnes chrétiennes font les bonnes épouses, et qu'il en est tout autrement des demoiselles sans religion.

Peu après son retour à Lavaur, il conduisit donc à l'autel une jeune et pieuse ouvrière, qui semblait faite tout exprès pour lui donner le bonheur.

Elle avait de la grâce, du dévouement, des qualités charmantes. Fervente catholique et aimant tendrement son mari, elle voulut aborder la grande question et ramener François dans le giron de l'Eglise par un petit discours apostolique, soigneusement médité, qu'elle lui débita un soir à l'heure propice, en se promenant sous les arbres, aux doux rayons de la lune de miel... Mais l'ouvrier coupa court à cette homélie :

— Ma chère petite Virginie, lui dit-il, je t'aime passionnément et tu prêches très bien, — presque aussi bien que M. le Curé. Mais puisque je ne vais pas chercher les sermons à l'église, c'est que sans doute ils ne me plaisent point. Il est donc inutile de les porter chez moi. J'ai mes idées très fixes, — fixes comme mon cœur, ma chérie, qui est véritablement tout à toi. Au lieu de me sermonner, borne-toi à m'aimer et contente-toi d'être aimée. Ne fais pas la faute de vouloir imposer de force tes croyances à ton mari, de le harceler à tout instant pour le conduire à la messe, au confessionnal, aux Pâques ; et ne compromets point notre paix, en prétendant diriger et violenter suivant ta tête celui à qui tu dois obéir... Nous aurions des disputes perpétuelles, et cela finirait par me faire prendre en grippe la Religion, même chez les femmes...

La pauvre Virginie avait des larmes dans les yeux.

— Allons, lui dit François en l'embrassant, ne parlons plus de cela, ou plutôt n'en parle plus. Si tu trouves que je n'ai pas assez de religion, j'accepte volontiers que tu en aies davantage : ton bon Dieu n'y perdra rien de son côté, ni moi du mien. A chacun sa tâche dans le ménage, ma chère petite femme. Je travaillerai pour toi, et tu prieras pour moi. A toi ma peine et mes sueurs, à moi tes oraisons.

Virginie était intelligente. Elle comprit (ce que beaucoup de femmes ignorent) que la conversion d'un mari ne se fait point par pression extrême, insistance perpétuelle et flux de paroles, tous moyens rarement efficaces et souvent périlleux ; mais par la voie plus patiente et plus sûre, quoique plus malaisée à suivre, des vertus chrétiennes pratiquées à toute heure et de mieux en mieux au foyer domestique ; par la voie de la prière persévérante, frappant sans jamais se lasser à la porte du Ciel.

Refoulant donc sa peine en son cœur, la jeune

femme se condamna à un mutisme absolu sur ce point délicat.

— Je me tairai désormais, se dit-elle ; je prierai, j'attendrai l'heure de la grâce, et mon unique prédication sera de m'améliorer de plus en plus et de le rendre heureux.

Donc, François Macary fut heureux.

Mais le bonheur est un oiseau fugace. Et l'on a à peine mis la main sur lui, qu'il s'envole tout à coup et disparaît au loin en quelque branchage touffu. Telle fut, hélas ! la rapide félicité de Macary.

III

Il n'était marié que depuis quelques mois, jouissant des premières douceurs de son union avec cette épouse excellente, lorsqu'un mal dont il avait déjà été vaguement menacé dans les derniers temps de ses voyages, prit des proportions plus sérieuses. Il lui vint aux jambes de fortes varices. On sait combien ce mal est douloureux et accablant. L'infortuné qui en est atteint, éprouve à se tenir debout une lassitude extrême et une souffrance vive. Macary en fit la pénible expérience.

Dur à lui-même, il se mit à lutter contre l'infirmité de son corps.

— Mes jambes sont des paresseuses ! disait-il. Elles veulent se lever tard, se coucher tôt et ne rien faire. Si c'étaient deux servantes, je les mettrais à la porte et j'en prendrais d'autres. Mais puisqu'il faut que je les garde, je leur secouerai si fort le tempérament, que je les forcerai, bon gré mal gré, à remplir leur devoir.

Et, se faisant violence toute la journée, rabotant et varlopant comme de coutume, il se refusait obstinément à aller chez le médecin. Quelques années se passèrent de la sorte. Mais un incident, la maladie de sa mère, amena chez lui le docteur Rossignol.

— Eh bien ! François, lui dit ce dernier, vous êtes donc toujours infatigable ? Je ne passe jamais dans la rue sans vous voir à la besogne.

— Infatigable ? dit Macary ; pas précisément ! Le matin, à peine debout, et durant toute la journée, j'ai du plomb dans les jarrets et parfois des élancements comme si vous m'y promeniez votre lancette ; le soir, mes jambes sont tout enflées...

— Vous travaillez trop, mon ami.

— Parole de riche ! le pauvre ne travaille jamais assez. Ma fillette et mon garçon mangent déjà comme des loups.

— Est-ce que vous n'auriez pas une grosse veine le long de la cuisse ?

— J'en ai deux qui sont devenues énormes : une à chaque jambe.

— Voyons un peu...

— Ce sont des varices, reprit le docteur après avoir examiné. Elles sont énormes en effet, et menacent d'atteindre des proportions tout à fait anormales. Il y a des nodosités considérables, avec engorgement très caractérisé. Vous avez à prendre les plus sérieuses précautions..

— Lesquelles ?

— D'abord, comprimer vos jambes avec des pandages de toile, emprisonnés eux-mêmes dans des guêtres en peau de chien ; et puis vous reposer et vous tenir étendu sur le lit à la moindre fatigue.

Les vitres durent trembler au formidable juron que fit entendre Macary.

— Me sevrer de travail à l'âge de vingt-six ans ? Vous voulez faire de François Macary un joli père de famille. Vous vous... moquez de moi..

Il eut grand'peine à ne pas chasser le Docteur par les épaules.

Il continua son propre régime. Mais le mal

s'aggrava rapidement. Macary alla consulter un autre médecin, celui de la Société de secours mutuels de Saint-Louis, dont il était membre. Le docteur Ségur lui parla comme le docteur Rossignol.

— Si vous ne faites ce que je vous conseille, vous allez droit dans un fauteuil d'impotent. A quarante ans vous serez vieux.

Or Macary avait un sens très pratique. L'accord parfait des deux médecins, commenté d'ailleurs par d'invincibles accablements et des douleurs qui commençaient à devenir intolérables, le réduisit à la raison. Non sans fureurs, imprécations et tonnerres, il se résigna, comme le voulaient les docteurs, à se reposer de temps en temps, à emprisonner ses jambes, depuis la naissance des orteils jusqu'au genou, dans des bandelettes de toile, maintenues dans des guêtres en peau de chien, guêtres qui se laçaient avec une courroie, à la façon d'un corset de femme, et que l'on serrait fortement.

Malgré ces précautions, les varices se développèrent d'année en année. Vers l'âge de trente-cinq ou quarante ans, les deux veines saphènes internes, s'étant enflées démesurément, faisaient saillie d'une épaisseur de doigt. Des nodosités se formèrent d'une dimension extraordinaire : une grosseur d'œuf. Elles ressemblaient, lorsque le malade retirait son appareil compresseur, à des loupes énormes. Un peu plus tard, il se déclara des ulcères, et l'on fut obligé de recourir aux pansements de charpie et de cérat.

Le malheureux ne pouvait dorénavant travailler que quelques heures par jour. Souvent même il était obligé de suspendre tout labeur pendant un mois et plus, et de garder le lit ou la longue chaise, recouverte d'un matelas. Comme l'avait prévu le docteur Ségur, la vieillesse arrivait prématurément, du moins quant aux jambes : car le reste du corps était parfaitement sain, et l'esprit, toujours vif, gardait sa jeunesse.

Ce triste état empirait lentement. Autour de lui Macary voyait grandir ses enfants, et s'indignait de ne pas être le premier et le dernier au travail

— Je ne vaux pas le quart d'un apprenti ! s'écriait-il souvent en assénant sur l'établi un coup de marteau formidable.

Parfois, hors de lui et grinçant des dents, il défaisait ses guêtres de cuir, ses bandages, ses ligatures, et les jetait par la fenêtre, comme si, en se débarrassant du remède, il eût expulsé la maladie. Puis, quelques instants après, il poussait des rugissements. Les varices et les nodosités n'étant plus comprimées, il s'y portait des flots de sang ; des douleurs cuisantes comme le feu s'allumaient dans les chairs. Macary, souffrant comme un damné et jurant de même, redemandait alors son appareil avec la même fureur qu'il avait mise à s'en débarrasser.

— Allons ! allons ! s'écriait-il, remettez-moi ma peau de chien sur ma chienne de peau.

Le mot *remettez-moi* n'est qu'un synonyme adouci du verbe qu'il employait, et que la dignité de l'Histoire ne nous permet point de faire passer du langage parlé dans le langage écrit. Nul dictionnaire ne l'a encore osé.

Aussi triste que le présent, l'avenir ne présentait aucun espoir de guérison. Le menuisier avait consulté encore d'autres médecins, notamment le docteur Bernet : partout et par tous il avait été déclaré incurable. La Faculté était unanime.

Il ne lui restait donc qu'à prendre son mal en patience et à se résigner. Mais Macary ne connaissait point la patience, et la résignation était une fleur qui ne poussait point parmi les fruits âpres de son jardin. Cet homme actif et impétueux, condamné à l'immobilité ; cette nature de salpêtre et de poudre, violemment refoulée et tenue captive entre quatre murs, s'exhalait en imprécations. Il grondait, tempêtait et fulminait du matin jusqu'au soir. C'était un tonnerre en chambre.

Cet orage de douleur et d'emportement dura dix ans, dura vingt ans, dura trente ans. Pendant trente années, Macary au supplice ne sut à quel saint se vouer, ou plutôt, le lecteur le devine, ne songea à se vouer à aucun saint, se donnant au contraire à tous les diables depuis le matin jusqu'au soir. Il ne s'adressait au Ciel que par des jurons ; pour lui, le blasphème remplaçait la prière. *Non precabat, imprecabat.* Le nom de Dieu ne retentissait à toute heure dans son logis que pour exprimer des formules de frénésie et des interjections de colère.

IV

Dans cette même maison cependant, ce même nom sacré se prononçait aussi tout bas. — La pieuse femme de Macary et sa fille Delphine priaient de tout leur cœur... Et Celui dont l'oreille entend ce que l'âme chrétienne murmure dans le secret, était plus attentif sans doute à ces humbles paroles qui ne troublaient point le silence, qu'aux bruyants éclats de voix de l'ouvrier exaspéré.

N'espérant point la guérison d'un mal incurable et ne demandant point l'impossible, elles suppliaient Dieu d'adoucir du moins l'amertume de l'épreuve, et d'apaiser cette âme frémissante.

Ajoutons, pour ne rien oublier, que si Macary se rebellait ainsi contre le Ciel par une sorte de guerre ouverte, il avait constamment vécu en paix avec la terre, étant demeuré — en son âge mûr et au soir de la vie — l'homme franc, ouvert et serviable qu'il avait été en sa jeunesse... Il chérissait femme et enfants. Et assurément, s'il était mort en ce moment, on eût pu sur sa tombe graver en toute vérité l'épitaphe (si souvent menteuse !) qu'on lit à chaque pas sur le marbre des cimetières : « Il fut bon père et bon époux. » Ses colères s'en prenaient aux choses, à la malchance, nullement aux personnes. Il était doux et profondément affectueux pour la compagne de sa vie; et quand, au milieu de ses impatiences et de ses jurons, arrivait près de lui quelqu'un de ses enfants ou petits-enfants (car, le temps ayant marché, il était déjà grand-père), il se calmait soudain et se prenait à sourire. Il était excellent voisin, charitable et cordial. L'indigent ne frappa jamais en vain à sa porte.

Macary avait peu; mais ce peu, il le partageait de grand cœur. Sa compassion des peines d'autrui lui faisait oublier les siennes; et si son propre mal lui arrachait des cris, le mal du prochain lui arrachait des larmes. Combien de fois, faisant l'aumône de son travail, si pénible pourtant! il se donna la noble joie de fabriquer un lit, une armoire, une table, pour quelque pauvre ménage manquant de tout. De même que la veuve dont parle l'Évangile et que loua le Sauveur, il donnait sur sa subsistance même, — comme si céder à la pitié lui eût été plus nécessaire que le nécessaire.

Quand un homme sans religion a ces qualités, parlons plus justement, quand il possède ces vertus envers le prochain, son apparente impiété envers Dieu n'est vraiment qu'un malentendu. Il ne blasphème que parce qu'il ignore, parce qu'il ne comprend pas, parce qu'il a de fausses idées.

Le mal qu'il commet alors (quelque monstrueux qu'il soit dans sa forme et qu'il paraisse à notre jugement), procède infiniment moins de la perversion de la volonté que d'une erreur de l'esprit et d'un enténébrement partiel de la raison, — misères intellectuelles dont le Seigneur a pitié, et dont il tient grand compte dans le touchant verdict de sa pardonnante justice.

A travers les fanges du ruisseau, le regard de Dieu discerne le diamant pur. Aussi advient-il que ce Père de toute miséricorde se plaît souvent à prendre ses serviteurs et ses amis parmi ces égarés généreux. Tandis que ces blasphémateurs profèrent leurs blasphèmes et que ces furieux exhalent leurs fureurs, arrive le jour de grâce marqué par sa Providence; il les appelle alors tout à coup comme il appela saint Paul, et d'une voix qui les fait tomber à genoux il leur dit : « Pourquoi me persécutes-tu? » A la stupeur de tous, il donne la préférence, entre mille autres, à la demeure de ces publicains, pour y recevoir l'hospitalité : « Zachée, descends vite! je veux aujourd'hui loger en ta maison. » — Bien plus! il les cite parfois pour exemple aux orthodoxes officiels, aux hommes de dogme strict et de pratique littérale; et s'il veut montrer à ces derniers un type et un modèle à suivre, il s'en va, sur la route de Jérusalem à Jéricho, choisir quelque enfant perdu, qui, tout en étant hors de la voie par l'intelligence, est dans la droiture par le cœur, et il raconte à ses Disciples la divine histoire du secourable Samaritain.

Ne l'oublions jamais! ce n'est point en vain que le Seigneur a voulu être nommé « le Bon Dieu ». Parmi ses perfections sans limite et sans nombre, c'est en quelque sorte la bonté qui est sa perfection maîtresse; et c'est avant tout la bonté qui constitue le vrai caractère de ses enfants. « Soyez miséricordieux, » dit-il, « comme votre Père lui-« même est miséricordieux... Bienheureux les mi-« séricordieux, car ils obtiendront miséricorde! » Aussi quiconque est bon, semblât-il hors du bercail, appartient au troupeau; — et voici que le céleste Pasteur vient alors, dans un moment béni, chercher la brebis fuyante qui porte sa marque, la dragme perdue qui porte son effigie et sa devise : *Deus charitas est!*

> La Bonté, c'est le fond des natures augustes.
> D'une seule vertu Dieu fait le cœur des justes,
> Comme d'un seul saphir la coupole du ciel.

Plutôt que de ne point sauver de telles âmes et de tels cœurs, Dieu accomplit un miracle. Faisant entendre, du sein de l'Invisible, une parole accessible aux sens, il criera à Augustin : « Prends et lis : *Tolle, lege!* » et il placera sous ses yeux la page apostolique qui le doit convertir.

V

Le bon blasphémateur Macary était donc depuis plus de trente années dans l'état que nous venons de décrire.

Ainsi que nous l'avons dit, s'il pouvait se tenir debout, travailler quelques heures et marcher un peu durant certaines périodes, il y en avait d'autres, et de bien longues! où il était contraint de demeurer étendu. Cela arrivait notamment lorsque ses ulcères variqueux suppuraient plus abondamment que de coutume.

La petite industrie de l'ouvrier avait dû être organisée en vue de ces chômages, qui eussent fini, si l'on n'y avait pourvu, par ruiner entièrement la famille, en lui faisant perdre toute clientèle... Macary avait formé son fils Charles à la profession de menuisier, et ce dernier l'égalait déjà en habileté. Charles était marié et habitait une maison voisine; mais il venait chaque matin pour le travail du jour, et faisait marcher l'atelier paternel.

VI

Vers là mi-juillet 1861, l'intensité du mal et les plaies vives des ulcères ayant ainsi condamné Macary à une entière immobilité, il était depuis six semaines étendu sur la chaise à matelas. Ses souffrances physiques et morales étaient grandes : son corps était rongé par la douleur, et toute son âme dévorée par un profond ennui.

Pour se distraire, il voulut lire, et demanda un livre dont on lui avait parlé comme contenant des récits extraordinaires. Il indiqua cet ouvrage, de même qu'il eût nommé les *Contes de Perrault* ou *les Mille et une Nuits*. La Providence cependant allait se servir, pour ses desseins, de cette lecture de hasard...

Lorsque Dieu, dans les heures d'hier, — il y a quinze siècles, mais pour Lui ce n'est pas un jour, — lorsque Dieu voulut conquérir le fils de Monique, il mit dans la main de ce philosophe, de ce penseur, de ce prince de l'intelligence et du savoir, le livre divin lui-même, le texte tracé par la plume du grand apôtre Paul et inspiré par le Paraclet. Mais pour le menuisier Macary, pour ce Samaritain peu lettré, pour ce pauvre publicain, pour cet ouvrier aux mains calleuses, maniant sur son humble établi la scie et le rabot, il n'était point nécessaire de recourir ni à ces profondeurs ni à ces splendeurs, ni à l'Epître d'un Saint ni à un texte inspiré.

Le volume qu'avait demandé Macary était un ouvrage contemporain, une histoire d'Apparitions et de Miracles, et était écrit par un laïque, par un homme du monde qui était le premier venu ou le dernier venu, — un publicain aussi !

Ce livre, intitulé *Notre-Dame de Lourdes*, lui ayant été apporté assez tard dans la soirée, le malade le prit nonchalamment le lendemain à son réveil et se mit à en parcourir les premières pages, s'interrompant de temps en temps pour donner quelques ordres de travail, pour s'informer si telle ou telle livraison avait été faite, pour intervenir, en un mot, dans les détails du ménage ou de l'atelier. Mais, peu à peu, son attention devint captive et sa bouche muette. Il parut, pour ainsi dire, ne plus rien voir et ne plus rien entendre des choses extérieures. De même qu'un voyageur quittant la grande route toute brûlante sous le soleil de l'été, et entrant dans une forêt touffue, se sent peu à peu envahir par l'ombre épaisse, la fraîcheur et le silence; de même qu'en marchant sous la voûte des vieux arbres et dans les sentiers solitaires, il se voit séparé du reste des humains et comme perdu dans le sein majestueux de la grande nature : — de même Macary, à mesure qu'il avançait dans cette lecture, se sentait gagné par une émotion inconnue qui le pénétrait et l'absorbait invinciblement ; de même il se voyait, hors de toute préoccupation d'ici-bas, comme entouré mystérieusement par l'atmosphère vivifiante et par la présence du Dieu souverain.

Les larmes inondaient l'énergique visage de l'ouvrier.

— Eh quoi! tu pleures? s'écria sa femme dans une profonde stupéfaction. Qu'a donc ce livre de si terrible?

— Ma pauvre amie, je ne puis l'exprimer... Laisse-moi! laisse-moi!

— Lis-m'en quelques pages alors, que je sache au moins ce que c'est.

— Non, non : c'est impossible! Les larmes m'étouffent... Plus tard, nous le lirons ensemble. Mais pour le moment il faut qu'il soit pour moi seul.

Il semblait à François Macary qu'il s'éveillait d'un long rêve, et que se dissipaient brusquement les ténèbres d'une immense nuit. Il entrevoyait des clartés nouvelles, une lumière inattendue pénétrait son œil ébloui. Sa patrie, la patrie des âmes, depuis si longtemps oubliée, se retrouvait devant lui avec ses fleuves d'eau vive, sa paix rafraîchissante et ses célestes horizons. Le vieux Macary renaissait à la foi de son enfance.

Qui donc agissait si puissamment sur lui ? Était-ce ce livre lui-même ? Non certes ! — pas plus que n'agit dans le baptême l'onde vulgaire des terrestres fontaines ; — pas plus que n'agissaient les trompettes des Juifs quand s'écroulèrent, au son de leur musique, les murailles de Jéricho. Il n'y avait que la bénédiction de Dieu, se servant d'un moyen par lui-même sans valeur aucune. A Celui qui a créé le monde avec le néant, tout est instrument pour le bien.

Lorsque Macary fut parvenu aux divers chapitres où l'auteur raconte les miraculeux effets de la Source surnaturelle que la Vierge Marie a fait jaillir à la Grotte de Lourdes, il eut en lui-même un tressaillement.

— Et moi aussi, se dit-il, si je pouvais me procurer de cette eau, je serais guéri !

La Foi ne rentrait point seule en son âme : elle y ramenait l'Espérance.

Ayant ouvert le livre aux premières lueurs de l'aube, il le termina aux derniers rayons du soleil.

VII

Ce jour-là, qui devait être une date dans sa vie, était un dimanche, le 16 juillet 1871, fête de Notre-Dame du Mont-Carmel, treizième anniversaire de la dernière apparition de la très sainte Vierge à Bernadette Soubirous.

« Dès cet instant, » écrivait-il plus tard à un ami,

« la main de Dieu fut sur moi et se mit à me
« guider. Et il le faut bien, pour que, étant en ce
« moment cloué par mes varices sur ma chaise
« et ne pouvant me tenir debout sans éprouver
« d'atroces souffrances, j'aie pourtant eu l'idée de
« sortir et de faire les quelques pas qui devaient
« me conduire sur un chemin béni que je ne soup-
« çonnais guère. »

Il était environ huit heures du soir. La chaleur
était accablante.

— Je n'en peux plus sur ma longue chaise, dit
Macary : il faut que je prenne l'air ! Sortons un peu.

— Où veux-tu aller, mon pauvre homme ? lui
répondit sa femme. Tu ne peux pas marcher.

— Tant pis ! ça m'est égal ; mes jambes se plain-
dront si elles veulent. Il y a assez longtemps que
je les supporte : il faut bien que de temps en
temps elles me supportent aussi.

— Voyons ! voyons ! sois raisonnable...

— Je veux quitter cette chambre et respirer un
peu dehors. Donne-moi ton bras.

Il était déjà sur ses pieds. Et, bon gré mal gré,
on dut en passer par sa fantaisie.

Appuyé d'une main sur sa bonne Virginie, fidèle
bâton de vieillesse et de maladie, il se traîna avec
effort le long de la rue qui conduit à Saint-Alain,
la cathédrale de Lavaur.

Ses douleurs étaient violentes ; il ne fallait rien
moins que son extraordinaire énergie pour se tenir
debout et marcher avec de telles souffrances.

Il parvint de la sorte jusqu'à la maison de sa
sœur, Mme Bonafous, qui l'aperçut de sa fenêtre
et l'interpella.

— Où vas-tu donc, François ?

— Pour deux liards j'irais me jeter au bas du
pont. J'ai des fers rouges dans les jambes.

— Entre donc un moment pour prendre un peu
de repos !

— Du repos? ma pauvre Marie!... Je n'en connais plus...

La pièce était au rez-de-chaussée. Il ouvrit la porte, et s'assit accablé.

On causa quelques instants. De quel sujet? je l'ignore, et cela importe assez peu.

Le soir se faisait, on ne distinguait plus les visages.

Un prêtre passa dans la rue. C'était un vicaire de la cathédrale, M. l'abbé Coux (1).

Quand il fut en face de la fenêtre ouverte, ce prêtre reconnut la voix du menuisier, assez caractéristique d'ailleurs : elle était nette et brève.

— Comment! Macary, vous voilà? s'écria-t-il du dehors... Ça va donc mieux ?

— Ça va plus mal au contraire, Monsieur l'abbé. Je voudrais bien vous vendre la peau de mes jambes. Mais je vous préviens qu'elle ne vaut pas grand'-chose : elle a des varices, des ulcères, des bosses et des nœuds; devant, derrière, à gauche, à droite, aux chevilles, aux mollets, depuis le pied jusqu'au genou, elle est trouée comme un vieux bas.

M. l'abbé Coux entra dans la maison. Il exhorta Macary à être patient, à se résigner; et, après quelques paroles échangées, il se leva pour prendre congé.

— Il faut que je vous quitte, dit-il, pour terminer mes petits préparatifs de voyage. Demain je pars pour Notre-Dame de Lourdes. Et je me chargerai volontiers de vos commissions.

A ces mots : « Notre-Dame de Lourdes! » Macary dressa vivement la tête.

— Certes, oui, j'ai une commission! Si votre sainte Vierge a compassion des malheureux, elle peut bien avoir pitié de moi. Vous allez lui dire qu'il y a à Lavaur un pauvre diable qui a ses

(1) M. l'abbé Coux est aujourd'hui curé à Lagrave, près Gaillac, dans le diocèse d'Alby.

jambes pourries, et qu'on ne laisse pas un homme dans cette position quand on peut l'en tirer. Dites-lui que je suis à bout de souffrances; dites-lui que je n'y tiens plus... Qu'elle me guérisse ou qu'elle me tue!...

— Je me refuse, croyez-le bien, à lui demander de vous tuer, répondit l'abbé en souriant. Et assurément elle n'aurait garde de m'écouter.

Le souvenir du livre qu'il venait de lire et des guérisons miraculeuses dont il contenait le récit, se présentait à l'esprit de Macary; il ressentait en lui une espérance vague, et forte cependant.

— Monsieur l'abbé, reprit-il gravement, rendez-moi ce service! Apportez-moi de l'eau et priez pour moi.

— Je vous le promets.

VIII

Le mercredi suivant 19 juillet, vers neuf heures du soir, François Macary vit arriver chez lui sa sœur Marie, cette même Mme Bonafous chez laquelle il s'était si péniblement traîné et où l'abbé Coux l'avait rencontré. Ce dernier était de retour, et elle lui apportait de sa part un petit flacon d'eau de Lourdes, environ un cinquième de litre.

— Voilà mon affaire! s'écrie Macary rayonnant. Maintenant je vais être bientôt guéri!... Au revoir, ma sœur!

Boitant des deux côtés, tirant douloureusement le pied, s'accrochant aux murs, aux meubles, à l'épaule de sa femme, l'ouvrier quitte la chaise longue et se rend dans sa chambre. Il place sur une commode le flacon d'eau de Lourdes, et se met à genoux devant un crucifix qu'au premier jour de leur mariage la piété de l'épouse avait appendu au-dessus de la cheminée.

— Je fis alors à la bonne Vierge, nous disait-il, une prière courte (la seule, je crois, que je savais encore!), et je la fis de toute mon âme.

C'était la prière « Je vous salue, Marie », dont le souvenir avait surnagé en lui parmi tous les naufrages religieux de sa mémoire.

Puis il se débarrassa de ses appareils, de ses bandages, de ses guêtres de peau de chien, de ses lacets; et, versant l'eau mystérieuse dans le creux de sa main droite, il en mouilla tout doucement ses deux jambes, ses varices, ses nodosités énormes, ses plaies suppurantes. Toute son âme priait : non plus, comme tout à l'heure, à l'aide d'une formule apprise, mais avec cet élan intime et profond, à la fois muet et éloquent, qui est la suprême prière en esprit et en vérité dont parlait le Seigneur Jésus, et qui monte tout droit à la pitié du Dieu tout-puissant.

Il y avait encore un peu d'eau dans la bouteille.

— Avale ça, mon garçon! se dit à lui-même Macary.

Et, portant le goulot à ses lèvres, il vida d'un trait tout ce qui restait.

Sur son lit étaient posées les bandes de toile et les guêtres lacées dont il enveloppait ses jambes malades. Macary avait coutume, dès qu'il était couché, de rouler avec un soin minutieux ces longues bandes (elles avaient chacune cinq ou six mètres), afin de pouvoir le lendemain les mettre facilement. Ce soir-là il fit d'autre sorte. La foi de cet homme brusque devait avoir des formes de brusquerie. Prenant ensemble tout son appareil, le chiffonnant et le tournant dans sa main en un paquet informe, il le lança violemment dans un coin de la chambre.

— Je vous dis bonsoir, guêtres et bandages! cria-t-il en les jetant; je vous dis adieu, peau de chien et lacets! Puisque la sainte Vierge en a guéri tant d'autres, elle va certainement me guérir aussi. Plus de la vie vous ne m'entortillerez les jambes!

Toute chrétienne qu'elle était, la femme de Macary ne partageait point son imperturbable confiance. En voyant ce mélange de prière et de vivacité, elle ne put s'empêcher de sourire tristement en hochant la tête; elle murmurait en elle-même :

— Hélas! hélas! mon pauvre cher homme! il faudra bien que tu les reprennes demain, tes bandes de toile et ta peau de chien!... Et c'est alors que nous allons en ouïr et des « Mille » et des « Tonnerre! »

La foi générale en la puissance de Dieu et en la réalité des miracles n'implique pas en effet la foi particulière à tel miracle déterminé qu'il plaît à l'espérance d'autrui de proclamer comme indubitable. La nature est rebelle à croire à tout ce qui la dépasse, et le prodige lui semble impossible. Ainsi, aux temps bibliques, avait ri la vieille Sara, épouse d'Abraham, quand elle entendit l'un des trois jeunes hommes prophétiser sa sénile maternité : ainsi riait, le mercredi 19 juillet 1871, la femme du menuisier de Lavaur, en le voyant annoncer avec cette audacieuse assurance son immédiate et très certaine guérison.

Habituellement Macary était longtemps à trouver le repos de la nuit. Le sang, se portant à flots dans les veines des jambes après l'enlèvement de l'appareil compresseur, produisait pendant plusieurs heures dans toute l'économie une sorte de trouble fiévreux et de demi-insomnie.

A peine le menuisier fut-il au lit ce soir-là, qu'il s'endormit d'un sommeil profond. Un peu surprise, sa femme se retira dans sa chambre sur la pointe des pieds et se coucha.

Une porte ouverte séparait les deux pièces.

Toutes les lumières s'éteignirent, et le silence se fit dans la maison.

IX

A minuit, Macary s'éveille un instant. Contrairement à l'état ordinaire, il ne ressent aux jambes aucune douleur. Il y promène la main : nulle nodosité !

— Femme ! s'écrie-t-il, je suis guéri !...

— Tu rêves, mon pauvre François ! répond celle-ci de la chambre voisine, tu rêves !... Allons ! dors.

— Je ne rêve pas, dit Macary : j'ai touché mes jambes...

Mais le sommeil, un moment interrompu, s'était de nouveau appesanti sur lui. Et, malgré l'heureux étonnement dont il était saisi, il laissa retomber sa tête sur son oreiller, ayant tous ses sens maîtrisés et vaincus par un irrésistible assoupissement.

A cinq heures, il ouvre les yeux. Le soleil matinal de juillet éclairait la maison. Macary peut non seulement toucher ses jambes, mais les voir. Tout avait disparu : plus de nodosités, plus de varices, plus d'ulcères ! Les veines avaient pris leur proportion normale. Sous le regard comme sous la main, la peau était lisse et unie.

Ah ! si jusque-là les émotions de Macary s'étaient toujours traduites par des jurons retentissants, l'on peut dire que le cri qu'il poussa dénotait le complet renversement de sa nature. Le pauvre homme joignit les mains et les leva vers le ciel :

— O mon Dieu ! ô très sainte Vierge de Lourdes !

Et en même temps que son cœur se tournait en haut, il se tourna aussi vers la vieille compagne de sa vie, et d'un accent qui laissait comprendre un indescriptible bouleversement, il cria :

— Virginie! Virginie!

Effrayée, elle pense qu'il appelle au secours : elle accourt à demi-vêtue. D'un geste, son mari, le visage tout en larmes, lui montre ses jambes guéries.

— Eh bien! dit-il, cette nuit tu ne voulais pas me croire. Regarde!

A ce spectacle, elle est saisie d'un tremblement. Puis elle se prosterne et sanglote, la tête dans ses mains, appuyée sur le bord du lit.

Macary se lève et se tient debout. Il marche sans guêtres et sans bandages. et n'éprouve ni douleur ni fatigue. Il s'agenouille et prie. Puis il court à son établi! Il prend et porte sans effort une lourde planche sur son banc de travail, l'y assujettit et se met à la varloper. Un sang plus vigoureux circule dans ses veines. Il lui semble qu'il a retrouvé sa jeunesse.

Arrive son fils Charles, lequel venait, comme de coutume, pour travailler à l'atelier. Il pousse un cri de surprise :

— Comment! père, vous voilà sur pied et à l'atelier?... Qu'est-ce qui se passe donc?

— Ce qui se passe, mon ami? c'est que l'eau de Lourdes a fait son effet. Approche!

Et, relevant jusqu'au-dessus du genou son large pantalon de toile, il découvre ses jambes.

Le fils, pas plus que la mère un instant auparavant, ne put trouver une parole. Il étreignit son père dans ses bras, et pleura silencieusement.

X

Durant la matinée, Macary aperçoit dans la rue, à travers les vitres de la fenêtre, la silhouette d'un ecclésiastique qui s'en allait rapidement dans la direction de la cathédrale. C'était l'abbé Coux.

L'heureux menuisier se précipite ; mais le prêtre, qui marchait vite et qui avait de l'avance, avait déjà dépassé la maison de quinze ou vingt pas.

— Bonjour, Monsieur l'abbé ! lui crie Macary. La sainte Vierge vous a écouté et moi aussi : je suis guéri !... Venez donc voir.

— Très bien ! très bien ! répond l'abbé Coux, entendant mal ou craignant peut-être quelque mauvaise plaisanterie de l'ouvrier, et n'abordant pas même la pensée que la guérison d'un mal incurable, qui datait de plus de trente ans, eût pu s'accomplir brusquement depuis la veille au soir... Très bien ! très bien ! je suis pressé.

Et il continua son chemin.

Dans la journée, le prêtre étant passé de nouveau devant l'atelier, Macary court à lui vivement et le rejoint.

— Je vous ai crié ce matin que j'étais guéri, Monsieur l'abbé. Mais j'ai bien compris que vous ne me croyiez point. C'est pourtant vrai, et vous pouvez le vérifier de vos yeux. La sainte Vierge m'a sauvé !

L'accent de Macary excluait toute idée de raillerie et de mensonge. L'ecclésiastique eut comme une terreur intime : le Surnaturel était passé à côté de lui, et il avait failli ne le point reconnaître.

— Est-ce possible ! s'écrie-t-il en pâlissant.

Ils entrèrent dans la maison la plus proche. C'était celle où demeurait la sœur de Macary, et où, trois jours auparavant, le vieil ouvrier avait chargé l'abbé Coux de prier pour lui aux Roches de Massabielle et de lui rapporter de l'eau de Lourdes.

Un groupe s'était formé dans la rue en entendant le dialogue de Macary et du vicaire. Plusieurs personnes pénétrèrent avec eux chez Mme Bonafous. Macary fit palper à tous ses jambes guéries, ses varices supprimées, ses nodosités disparues, ses plaies cicatrisées...

— Et maintenant, Monsieur l'abbé, dit alors le menuisier, et maintenant que la sainte Vierge a guéri mon corps, il faut aussi guérir le reste, et c'est vous qui serez le médecin...

La main divine qui avait enlevé le mal physique avait touché aussi le fond du cœur. François Macary était transformé. L'incrédule, le jureur, l'homme des imprécations retentissantes, se leva, le dimanche suivant, du milieu de l'assistance fidèle, et alla, entouré de tous les siens, recevoir à la sainte table le Dieu qu'il avait si longtemps blasphémé.

Des larmes tombaient de ses yeux; la même joie attendrie se traduisait sur tous les visages. S'il y a plus d'allégresse au ciel pour un pécheur qui se convertit que pour cent justes qui persévèrent, cette félicité du Père céleste fait également tressaillir ici-bas le cœur de tous ses enfants : le peuple de la cathédrale Saint-Alain était en fête.

XI

Le bruit de cet événement se répandit bien vite dans la ville de Lavaur et dans la contrée environnante, et produisit partout une grande émotion.

Macary alla faire visite à ses trois médecins. Nulle stupeur ne peut égaler celle dont ils furent saisis en le voyant guéri. La maladie était notoirement incurable ; elle remontait à trente années ; jamais aucun traité de Médecine n'avait relaté un semblable fait... et pourtant Macary était là sous leurs yeux, n'ayant plus ni ulcères ni varices. Une puissance inconnue à la Science et supérieure à la Nature avait tout enlevé. De ces nombreux et énormes paquets variqueux, de ces sortes de loupes monstrueuses qui donnaient aux deux jambes un aspect difforme, il ne restait rien, sinon à la jambe droite une seule nodosité, — la plus petite, — aplatie, diminuée, réduite à une proportion normale et sans nul engorgement. Le mal tout entier avait été enlevé, et ces traces légères de l'état antérieur ne demeuraient que pour rendre témoignage de l'infirmité passée. Ainsi le lit desséché d'un torrent atteste à tous les regards l'antique passage des eaux.

— Décidément, décidément, s'écriait le docteur Ségur après l'examen le plus minutieux, *je ne puis apercevoir* que quelques traces de ces énormes varices.

— Oui, vraiment, reprenait le docteur Rossignol, examinant à son tour, *les accidents ont disparu tout à coup !* Et, de ces nodosités énormes, voilà qu'il ne reste que celle-ci, si sensiblement diminuée !

— Et dans laquelle *il n'existe pas même l'ombre d'engorgement !* faisait observer avec stupéfaction le docteur Bernet. Ce qui est surtout frappant, c'est que les paquets variqueux *ont entièrement disparu*, et qu'à leur place la palpation fait percevoir des cordons petits, durs, vides de sang et roulant sous les doigts. A chaque jambe, la veine saphène a actuellement sa direction et son volume normal... Or Macary, nous le savons, était atteint d'une infirmité *perpétuelle. Tous les médecins sont d'accord en effet sur ce point, que les varices abandonnées à elles-mêmes sont incurables; qu'elles ne guérissent point par les moyens palliatifs, et encore moins spontanément ; qu'elles vont sans cesse en s'aggravant...* Et voici cependant que cette cure radicale s'est produite dans l'espace d'une nuit, et sous la seule influence de l'application de compresses imbibées d'eau de Lourdes !

— Ce cas de guérison spontanée me paraît d'autant plus surprenant, déclara le docteur Ségur, que *les annales de la Science ne mentionnent aucun fait de cette nature.*

— Il faut en convenir, disait en concluant le docteur Bernet : *nul auteur ne cite en effet une observation semblable ou analogue, et la Science est impuissante à expliquer une telle guérison.* Ainsi, certains détails du fait affirmé par Macary ne seraient-ils pas prouvés par des témoignages authentiques pris en dehors de lui, il n'en resterait pas moins pour nous un fait des plus extraordinaires, et, tranchons le mot, un fait SURNATUREL.

Tel fut le verdict *textuel* que prononcèrent l'un après l'autre, au nom de la Science humaine, les trois éminents médecins dont nous citons les noms. C'est dans leurs déclarations *écrites* que nous venons de copier *littéralement* toutes ces expressions, si positives et si formelles. A la fin du volume, nous reproduisons *in extenso*, comme pièces justificatives, ces trois certificats des membres de la Faculté, avec leurs signatures revêtues de la légalisation du Maire et du Sous-Préfet.

Les adversaires du Surnaturel demandent des preuves authentiques et des certificats émanant des hommes de science. En voilà.

XII

Deux mois après, le 18 septembre, Macary portait en ex-voto à la Grotte de Lourdes ses appareils compresseurs, témoins muets de ses anciens maux divinement guéris.

On peut les y voir encore aujourd'hui. Mais peu à peu les intempéries des saisons détériorent et détruisent ces touchantes reliques, qui rappellent aux visiteurs le souvenir d'un miracle de Dieu (1).

----

(1) A cette occasion, qu'il nous soit permis d'exprimer le regret que des précautions ne soient point prises pour conserver à jamais à la piété des fidèles les ex-voto de cette sorte. Nous

A Lourdes, à l'ombre de ces Roches Massabiell
sanctifiées par la présence de Celle qui l'avait
miraculeusement secouru et sauvé, les émotions d
Macary furent grandes. Il les a lui-même exprimée
dans une lettre que nous avons sous les yeux.

« — Je tombai à genoux, » a-t-il écrit, « et pen
« dant dix minutes au moins mon cœur fut tellemer
« pénétré, que, voulant prier, je ne pus articule
« aucune parole. Mais enfin un torrent de larme
« me dégagea, et il me fut possible de trouver de
« mots et d'adresser un acte de remerciement
« cette tendre Mère qu'il me semblait voir e
« réalité. De ma vie, Monsieur, je n'oublierai c
« moment... Ah ! si nos libres penseurs pouvaien
« goûter un peu de ce bonheur que l'on éprouv
« en de tels instants, comme ils reconnaîtraien
« bien vite la différence qu'il y a entre notre foi e
« leurs doctrines ! »

XIII

De telles paroles font deviner que le change
ment moral de cet homme n'avait pas été moindr
que son changement physique. Sa vie s'écoula dè
ce jour entre le travail, puisqu'il avait retrouvé s
force, et la prière, puisqu'il avait retrouvé sa foi

voudrions que ceux qui sont fragiles fussent religieusemen
enfermés en des vases de cristal, comme des objets précieux
Nous voudrions que chacun d'eux portât une inscription qu
marquât à quel événement, à quelle date, à quelle personne guéri
il se rapporte : de façon que, à l'aide de cette indication, tout l
monde pût, d'un côté, vérifier le fait, et, de l'autre, lire, dan
les *Annales de Notre-Dame de Lourdes* ou tant d'autres publi
cations, le récit détaillé du Miracle dont tel ou tel ex-voto es
le témoignage. — Ce serait la pierre de touche mise dans l
main de chacun ; ce serait, sur un métal dont le public ignore l
valeur intrinsèque, ce serait le poinçon officiel de la Monnaie e
la garantie de l'Autorité. Quel prix incomparable une pareill
authenticité ne donnerait-elle pas à cette masse de document
anonymes ?

De même qu'avait été renversé le persécuteur
Saul sur le chemin de Damas, de même avait été
transformé par la grâce de Dieu le blasphémateur
Macary.

Sans doute, son allégresse d'être délivré de son
infirmité était vive ; mais nous pouvons dire, après
l'avoir vu et entendu, qu'elle n'était rien auprès de
son bonheur d'être redevenu chrétien.

L'Évangile a parlé de la joie du Bon Pasteur
recueillant sa brebis perdue ; mais il ne nous a rien
dit de l'attendrissement plein d'ivresse de la brebis
elle-même doucement rapportée au bercail, de
l'Enfant prodigue embrassé par son Père, du
pécheur réconcilié avec son Dieu. Cet attendrissement, cette joie filiale, cette intime et inénarrable
félicité, l'excellent François Macary les goûtait
dans leur plénitude.

Son âme était désormais une âme d'apôtre. Il
eût voulu convertir la terre entière, faire parti-
ciper tous les membres de la grande famille
humaine à la connaissance et à l'amour de la sou-
veraine Vérité.

A partir de sa guérison, il ne cessa de rendre à
Dieu son action de grâces et aux hommes un témoignage public de la faveur céleste dont il avait été
l'objet. Chaque soir, après le labeur du jour, il allait
passer une heure seul à l'église, devant le saint
Sacrement. A quiconque venait le voir, il racontait
son histoire. A quiconque lui écrivait, il répondait
scrupuleusement par un exposé net, succinct et
vivant, de ce grand événement de son existence.

Si par hasard il lisait dans quelque journal une
attaque contre les Miracles, ce brave ouvrier quit-
tait le rabot et prenait la plume pour adresser au
rédacteur la relation circonstanciée de ce qui lui
était advenu à lui-même.

Plusieurs des lettres qu'il écrivait ainsi nous ont
été communiquées, et nous y avons largement

puisé, essayant de transporter dans notre propre
récit la saveur fruste de cette parole droite et
franche. L'une d'elles se termine ainsi :

« ... Depuis ce moment, je n'ai plus à mes jam-
« bes que des bas comme tout le monde ; je n'ai
« plus revu la moindre enflure, ni ressenti la moin-
« dre douleur : pourtant je travaille tous les jours
« depuis cinq heures du matin jusqu'à sept heures
« du soir.

« Voilà le détail exact de la merveille que Notre-
« Dame de Lourdes a bien voulu opérer sur moi,
« et que je vous livre, sous la foi du serment, vous
« priant de la publier, de la proclamer partout où
« bon vous semblera. Heureux si jamais j'apprenais
« de vous que ma lettre a pu ramener quelque
« incrédule dans la bonne voie ! Pour moi, qui ne
« priais jamais, je vous certifie que je répare le
« temps perdu, et que je ne cesserai de remercier
« le bon Dieu et la sainte Vierge de m'avoir choisi
« pour servir de preuve à leur gloire, de preuve à
« leur bonté. — Adieu. Veuillez vous rappeler de
« moi dans vos prières et me croire en Jésus-Christ,
« votre frère, FRANÇOIS MACARY. »

XIV

L'année suivante, le 24 juin, une procession
d'environ un millier de chrétiens, hommes et
femmes, laïques et prêtres, suivait, en chantant
des cantiques, la route qui conduit à la Grotte de
Lourdes. Ces Pèlerins se souvenaient que la Vierge
Marie invoquée avait jadis délivré soudainement
leur cité : — une première fois, de la peste, au
xive siècle ; une seconde fois, de l'invasion ennemie,
au xvie siècle ; — et une magnifique Bannière ar-
moriée, qui tenait la tête de ce grand cortège, rap-
pelait par deux millésimes cette tradition des

eux... Mais, entre ces deux millésimes du passé,
e détachait en grandes lettres d'or une date toute
moderne : 19 JUILLET 1871. C'était la date de la
uérison surnaturelle que nous venons de raconter.
ur l'autre face de la Bannière on lisait : A MARIE
IMACULÉE, LA VILLE DE LAVAUR RECONNAISSANTE.
'homme qui portait ce drapeau de la gratitude de
ut un peuple, c'était François Macary.
Chaque année depuis cette époque, il fit en ac-
ons de grâces le pèlerinage de Lourdes.

XV

Il se rendit comme de coutume au sanctuaire de
a Bienfaitrice, en 1875, au commencement d'oc-
bre.
Nous nous trouvions à Lourdes en ce moment.
acary vint frapper à notre porte. Nous n'oublie-
ns jamais son loyal visage.
— Ah! Monsieur, nous dit-il, que je désirais vous
nnaître! C'est par votre livre que je suis entré
ns le chemin de mes deux guérisons!
Ce qu'il nommait sa seconde guérison, c'était
lle de son âme.
En prononçant ces mots, le brave homme ouvrit
s bras et nous donna l'amicale accolade et le
aiser fraternel qui étaient si en usage parmi les
idèles des premiers temps.
Tout en l'entendant parler et examinant avec
in ces membres jadis malades, nous remarquions
caractère particulier de son état physique.
Depuis sa miraculeuse guérison, qui avait eu
eu quatre années auparavant, Macary avait été
réservé, non seulement de toute rechute relati-
ement aux varices et aux nodosités, mais de toute
utre indisposition. Il semblait que la main divine
ût voulu délivrer désormais de toute altération de

détail la santé totale de cet homme, qui avait si longtemps souffert. Maigre, agile, vigoureux, droit et ferme, il avait en son aspect je ne sais quoi d'invulnérable. Soumis à la loi de la mort, il paraissait soustrait aux accidents de la maladie. Il était comme ces soldats revêtus d'acier, sur la poitrine desquels toute pointe glisse sans laisser de traces. Un choc violent peut les renverser, nulle atteinte ne les entame.

Nous le priâmes de s'asseoir à notre table et de partager notre repas; et c'est durant cette agape cordiale qu'il nous raconta son histoire, avec un merveilleux entrain de récit, une verve extraordinaire une émotion communicative Le curé Peyramale; M. l'abbé Pomian, catéchiste de Bernadette; M. l'abbé Peyret, vicaire de Lourdes, aujourd'hui curé d'Aubarède; M. et Mme Ernest Hello, étaient avec nous. Nous étions tous sous le charme de cette parole chrétienne, pittoresque et vivante.

Dans un angle de la salle à manger, mon secrétaire était assis à un bureau de travail.

— Que fait donc là ce jeune homme? me dit Macary vers la fin du dîner.

— C'est un sténographe. Il écrit aussi vite que l'on parle : il a pris au vol et fixé sur le papier tous les mots sortis de vos lèvres.

— Eh bien! il n'y en a pas un seul à raturer. Du commencement jusqu'à la fin, vous venez d'entendre la vérité.

Il accepta notre hospitalité, et ne nous quitta que le lendemain ou le surlendemain... Je le conduisis à la gare, et je lui promis d'aller le voir, le mois suivant, à Lavaur, en rentrant à Paris. Je voulais l'interroger encore, pénétrer plus avant dans le cœur de cette histoire et dans l'histoire de ce cœur...

Hélas! l'homme propose, et Dieu dispose.

XVI

Deux semaines après, le 21 octobre 1875, la ville
le Lavaur était en deuil. Une foule immense ac-
ompagnait au cimetière l'ouvrier le plus populaire
t le plus vénéré de tout ce pays. François Macary
vait été emporté subitement par la rupture d'un
névrisme.

Nulle souffrance, nulle maladie, nul malaise,
'avaient précédé son trépas soudain. Le miraculé
e la Vierge n'avait point été malade; il avait
essé tout à coup de vivre ici-bas, pour entrer
ans la vie de là-haut. Il était mort guéri.

« Ainsi, » a écrit ailleurs une plume amie, « ainsi
azare ressuscita et puis mourut. Ainsi moururent
galement, après des années passées sur la terre,
ous les personnages dont l'Évangile nous raconte
es surnaturelles guérisons par la main du Sau-
eur Jésus. Mais la santé et la vie qui leur furent
endues, ont attesté au monde la puissance du Sei-
neur. Et une fois cette œuvre accomplie, Dieu
eur permit de mourir, comme le reste des hommes,
t d'entrer, eux aussi, dans le lieu de la récom-
ense (1). »

Et voilà pourquoi, pieux et bon Macary, je n'ai
u vous revoir ici-bas, et tenir ma promesse de
ous aller visiter. Priez Dieu pour que le rendez-
ous ne soit que différé, et qu'un jour, avec tous
eux que j'aime, nous nous réunissions à vous,
ans le rayonnement du trône de Dieu, aux pieds
e Celle dont j'ai eu, quoique indigne, la profonde
oie d'écrire l'Histoire, et dont, pour parler comme

____

(1) E. Artus.

vous-même, la main puissante vous a guéri deux fois (1)!

✦

PIÈCES JUSTIFICATIVES

« Je soussigné déclare que *depuis environ trente ans*
« le sieur Macary (François), menuisier, était affecté de
« vari es aux jambes. Ces varices, *qui étaient de la gros-*
« *seur du doigt et entremêlées de cordons noueux et*
« *flexueux très développés*, ont nécessité jusqu'à ce jour
« une compression méthodique, exercée soit à l'aide
« d'un bandage roulé, soit à l'aide d'une guêtre en peau
« de chien. Malgré ces précautions, des ulcérations se
« déclaraient fréquemment aux deux jambes, et néces-
« sitaient chaque fois un repos absolu et un traitement
« assez long. Je l'ai visité aujourd'hui, et, quoique ses
« membres inférieurs fussent libres de tout appareil, *je*
« *n'ai pu apercevoir* que quelques traces de ses énormes
« varices.

« Ce cas de *guérison spontanée* me paraît d'autant plus
« surprenant, que *les annales de la science ne mention-*
« *nent aucun fait de cette nature.*

« Lavaur, le 16 août 1871.

« SÉGUR, docteur médecin,
« de la Société de secours mutuels de Saint-Louis. »

« Je soussigné certifie que depuis trente ans environ le
« sieur Macary, menuisier à Lavaur, était atteint de
« varices aux jambes avec nodosités énormes, se com-

---

(1) L'événement miraculeux dont nous venons de raconter les
détails, a fourni le sujet de l'un des vitraux de la Basilique de
Lourdes, celui de la chapelle du Rosaire, la septième à droite en
entrant. François Macary est représenté au moment même où il
constate sa guérison par l'eau de Lourdes. A côté de lui, sur une
table, est le Livre qui lui a donné la foi. Dans le haut du vitrail,
Notre-Dame de Lourdes envoie sur l'ouvrier les rayons de sa
grâce. Accourue aux cris de bonheur qu'elle entend, la femme
du menuisier de Lavaur joint les mains et remercie Dieu.

« pliquant, fréquemment de larges ulcères, malgré la
« compression constante exercée par des guêtres ou
« bandages appropriés ; que *ces accidents ont disparu*
« *tout à coup* et qu'aujourd'hui il ne reste qu'ne nodosité
« sensiblement diminuée à la partie interne et supérieure
« de la jambe droite.

« Lavaur, le 25 août 1871.

« ROSSIGNOL, *docteur médecin P.* »

« Macary (François), âgé de soixante ans, menuisier
« à Lavaur, membre de la Société de Saint-Louis, nous
« consulta, il y a environ vingt ans, pour des va-
« rices qui occupaient le creux poplité et la partie
« interne du genou et de la jambe gauches. — On
« observait alors vers le tiers inférieur de ce membre
« un ulcère variqueux à bords calleux, avec engorge-
« ment considérable et douloureux des tissus. Il existait
« en outre, en dehors et en dedans de la partie supé-
« rieure du mollet, deux larges et anciennes cicatrices
« qui n'avaient rien de commun avec l'affection qui nous
« occupe, et qui étaient le résultat d'un coup de feu reçu
« par le malade, vingt ans auparavant. Les veines dila-
« tées l'étaient en si grand nombre et à un si haut degré,
« que, pour nous, les moyens chirurgicaux que l'on
« oppose à cette maladie étaient formellement contre-
« indiqués.

« Macary nous parut donc voué à une infirmité per-
« pétuelle ; et nous ne conseillâmes que les moyens
« palliatifs, que, du reste, avaient déjà conseillés plu-
« sieurs de nos confrères.

« Dix-huit ans plus tard, il y a deux ans, Macary se
« représenta à notre consultation. Le mauvais état de
« sa jambe avait beaucoup empiré. — Nous lui confir-
« mâmes notre premier pronostic, et lui déclarâmes
« qu'il était urgent, pour amener l'ulcère à la cicatrisa-
« tion, de se soumettre, comme unique moyen, au repos
« absolu et prolongé au lit, et à l'application de panse-
« ments méthodiques.

« Aujourd'hui, 18 août 1871, Macary se présente pour
« la troisième fois. — L'ulcère est parfaitement cicatrisé.
« — Aucun appareil ne comprime la jambe, et pourtant
« *il n'existe pas l'ombre d'un engorgement.* — Ce qui

« nous frappe surtout, c'est que *les paquets variqueux*
« *ont entièrement disparu;* qu'à leur place la palpation
« fait percevoir des cordons petits, durs, vides de sang
« et roulant sous les doigts. *La veine saphène interne*
« *a sa direction et son volume normal.* — L'examen le
« plus attentif ne fait découvrir aucune trace d'opération
« chirurgicale.

« D'après le récit de Macary, cette cure radicale se
« serait produite dans l'espace d'une nuit, et sous la
« seule influence de l'application de compresses d'eau
« puisée à la source de la Grotte de Lourdes.

« Nous concluons qu'abstraction faite du récit de
« Macary, *la science est impuissante à expliquer ce fait :*
« *car les auteurs ne citent aucune observation semblable*
« *ou analogue.* — Ils sont tous d'accord sur ces points
« que *les varices abandonnées à elles-mêmes sont incu-*
« *rables;* qu'elles ne guérissent pas par les moyens pal-
« liatifs, et *encore moins spontanément;* qu'*elles vont*
« *sans cesse en s'aggravant;* et qu'enfin on ne peut
« espérer la cure radicale, en faisant courir de graves
« dangers aux malades, que par l'application de procédés
« chirurgicaux. — Ainsi, le fait affirmé par Macary ne
« serait pas prouvé par des témoignagnes pris en dehors
« de lui, qu'il n'en resterait pas moins pour nous *un fait*
« *des plus extraordinaires, et, tranchons le mot, un fait*
« SURNATUREL.

« En foi de quoi nous signons le contenu du présent
« rapport.

« A Lavaur, ce 15 août 1871.

« BERNET,
« *docteur médecin de la Faculté de Paris.*

« Vu pour légalisation des signatures ci-dessus :
« Lavaur, ce 3 septembre 1871.

« *Le Maire :* ÉT. DE VOISIN.

« Vu pour légalisation de la signature de M. Étienne
« de Voisin-Lavernière, Maire de Lavaur, apposée ci-
« contre.

« Lavaur, le 4 septembre 1871.

« *Le Sous-Préfet :* CELLIÈRES. »

5536. — Paris, imp. A.-L. Guillot, 7, rue des Canettes.

PETITE BIBLIOTHÈQUE VARIÉE

Broch. in-18 raisin, 36 à 54 pages : 15 cent.

Les Trois Veuves, par A. DE PONTMARTIN.

Lidivine. — Le Génie Bonhomme, par CHARLES NODIER.

Le Petit Pâtre, récit polonais, par ÉTIENNE MARCEL.

Voyage au Grand-Saint-Bernard, par MAXIME DU CAMP.

Les Deux Coupes, par CHARLES DUBOIS.

Le Moléson, souvenir de Suisse, par LOUIS VEUILLOT.

La Neige, par A. ROCOFFORT.

Un Médecin sous la Terreur, par EDMOND LAFOND.

Le Bonhomme Jacques, par PAUL FÉVAL.

Le 18 Mars 1871, par EDMOND VILLETARD.

Le Lépreux de la cité d'Aoste, par XAVIER DE MAISTRE.

Abd-ul-Beg, par ÉTIENNE MARCEL.

Charlemagne, par E. DEMOLINS.

Saint Louis, par le même.

La Turbotière, par J.-T. DE SAINT-GERMAIN.

Jean et sa lettre, par PAUL FÉVAL.

Excelsior, par Mme J. LAVERGNE.

L'Aveugle d'Argenteuil, par A. FLOQUET.

Rose Thé, par Mme J. LAVERGNE.

La Pendule à musique, par Mme J. LAVERGNE.

Pierre et Philippe, par JEAN LANDER.

www.ingramcontent.com/pod-product-compliance
Lightning Source LLC
Chambersburg PA
CBHW060641080726
47818CB00041B/611